Python para Educadores: Guía Completa para Enseñar Programación Paso a Paso

INDICE

- Lectura y escritura de archivos (`txt`, `csv`).
- Cómo procesar grandes cantidades de datos de manera eficiente.
- Ejemplos prácticos: generar reportes y análisis de datos.

9. Interfaz Gráfica de Usuario (GUI) con Tkinter

- Introducción a la creación de interfaces gráficas simples con Tkinter.
- Ejercicios para crear ventanas, botones y eventos básicos.
- Proyecto práctico: crear una pequeña aplicación con una interfaz gráfica.

10. Proyectos Finales: Cómo Consolidar el Aprendizaje

- Diseño y planificación de proyectos de fin de curso.
- Ejemplos de proyectos desafiantes y su resolución paso a paso.
- Consejos para enseñar a los estudiantes a pensar de forma autónoma y resolver problemas complejos.

Capítulo 1: Introducción a Python y la Programación: El Primer Paso

1.1 ¿Qué es Python y por qué es ideal para principiantes?

Python es un lenguaje de programación de alto nivel, conocido por su simplicidad y legibilidad. A diferencia de otros lenguajes que requieren una mayor complejidad sintáctica, Python utiliza una sintaxis clara y directa, lo que permite a los principiantes concentrarse en la lógica de la programación en lugar de la complejidad del lenguaje en sí.

Ventajas de Python para Principiantes:

- **Sintaxis Simple**: La estructura del código en Python es limpia y fácil de entender. Su enfoque en la legibilidad ayuda a que los conceptos básicos de programación sean más accesibles.
- **Comunidad Activa**: Python tiene una de las comunidades más grandes y activas en el mundo de la programación, lo que significa que los recursos, tutoriales y foros de ayuda están siempre disponibles.
- **Multipropósito**: Python es un lenguaje versátil que se utiliza en diversas áreas, desde desarrollo web hasta ciencia de datos y automatización, lo que ofrece una base sólida para explorar otros campos.
- **Bibliotecas Extensas**: Python cuenta con una amplia colección de bibliotecas que simplifican tareas complejas, desde el manejo de datos hasta la creación de interfaces gráficas.

En resumen, Python es una excelente opción para quienes están dando sus primeros pasos en la programación debido a su simplicidad, flexibilidad y el vasto ecosistema que lo respalda.

Para aprender a programar, es importante familiarizarse con ciertos conceptos clave. A continuación, exploraremos los elementos básicos de la programación que forman la base de cualquier programa en Python.

Variables

Una **variable** es un nombre que asignamos a un valor que queremos almacenar. Por ejemplo, podemos guardar un número, una cadena de texto o un valor booleano (verdadero/falso) dentro de una variable.

Ejemplo:

```python
nombre = "Juan"
edad = 25
es_estudiante = True
```

En este ejemplo, hemos creado tres variables: `nombre`, que almacena una cadena de texto; `edad`, que almacena un número; y `es_estudiante`, que almacena un valor booleano.

Tipos de Datos

Los **tipos de datos** representan la naturaleza del valor almacenado en una variable. En Python, algunos tipos de datos básicos son:

- **Números Enteros (int)**: Representan números sin parte decimal, como `10`, `-5` o `0`.
- **Números Flotantes (float)**: Representan números con parte decimal, como `3.14`, `-0.5`.
- **Cadenas de Texto (str)**: Representan secuencias de caracteres, como `"Hola, Mundo!"`.
- **Booleanos (bool)**: Solo tienen dos valores posibles: `True` o `False`.

Operadores

Los **operadores** nos permiten realizar operaciones con variables y valores. Algunos de los más comunes son:

- **Aritméticos**: Sumar (+), restar (-), multiplicar (*), dividir (/).

    Ejemplo:

    ```python
    resultado = 10 + 5
    print(resultado)  # Salida: 15
    ```

- **Comparativos**: Comparar valores (mayor que >, menor que <, igual a ==).

  Ejemplo:

  ```python
  es_mayor = 10 > 5
  print(es_mayor)   # Salida: True
  ```

- **Lógicos**: Realizar operaciones lógicas (AND and, OR or, NOT not).

  Ejemplo:

  ```python
  es_valido = (10 > 5) and (5 > 2)
  print(es_valido)   # Salida: True
  ```

1.3 Instalación de Python y Primeros Pasos con el Entorno de Desarrollo

Antes de empezar a escribir código en Python, es necesario tener el entorno adecuado. Vamos a detallar los pasos para instalar Python y utilizar un entorno de desarrollo sencillo, ideal para estudiantes principiantes.

Instalación de Python

1. **Descarga de Python**:
   - Visita el sitio web oficial de Python: https://www.python.org/downloads/.
   - Selecciona la versión más reciente compatible con tu sistema operativo (Windows, macOS o Linux) y descarga el instalador.
2. **Instalación**:
   - Durante la instalación en Windows, asegúrate de marcar la opción **"Add Python to PATH"** para que puedas ejecutar Python desde cualquier lugar.
   - Sigue las instrucciones del instalador y finaliza la instalación.

Verificación de la Instalación

Después de la instalación, verifica que Python está correctamente instalado:

1. **Windows**:
   - Abre la consola de comandos (cmd).
   - Escribe python --version y presiona Enter.
   - Deberías ver la versión de Python instalada (por ejemplo, Python 3.10.0).
2. **macOS/Linux**:
   - Abre la terminal.
   - Escribe python3 --version y presiona Enter.
   - Deberías ver la versión de Python instalada.

Para enseñar Python de manera efectiva, es útil contar con un entorno de desarrollo integrado (IDE) o editor de texto adecuado que facilite la escritura y ejecución del código. Algunas opciones recomendadas para principiantes son:

- **IDLE**: El entorno de desarrollo que viene por defecto con Python. Es simple y adecuado para empezar. Para abrirlo, simplemente busca "IDLE" en tu sistema una vez que Python esté instalado.
- **VS Code**: Un editor de texto más avanzado y ampliamente utilizado. Se puede descargar desde https://code.visualstudio.com/ y, con la extensión de Python, ofrece una excelente experiencia de desarrollo.

Primer Programa en Python

Una vez que tengas Python instalado y hayas elegido tu entorno de desarrollo, es hora de escribir tu primer programa. Un clásico ejemplo es el programa "Hola, Mundo".

1. Abre tu editor de código o IDLE.
2. Escribe el siguiente código:

```python
print("Hola, Mundo!")
```

3. Ejecuta el programa.
   - En IDLE, selecciona `Run > Run Module` o presiona `F5`.
   - En VS Code, usa la opción "Run" o el botón de ejecución.

Verás en la consola la salida:

```
Hola, Mundo!
```

Este simple programa demuestra la estructura básica de un programa en Python y te da una idea de cómo el código se traduce en acciones que el ordenador puede ejecutar.

Capítulo 2: La Lógica de la Programación: Controlando el Flujo

2.1 Introducción a las Estructuras de Control: if, else, y elif

Uno de los aspectos fundamentales de la programación es la capacidad de tomar decisiones basadas en condiciones específicas. Esto se logra mediante las **estructuras de control**, que permiten al programa ejecutar diferentes bloques de código dependiendo de si ciertas condiciones son verdaderas o falsas. En Python, las estructuras de control más comunes son `if`, `else`, y `elif`.

Una estructura de control es una herramienta que le indica al programa cómo proceder cuando se cumplen ciertas condiciones. Básicamente, permite que el flujo del programa cambie de dirección según lo que esté sucediendo en el momento de la ejecución.

- **if**: Evalúa si una condición es verdadera. Si es verdadera, ejecuta un bloque de código.
- **else**: Proporciona una alternativa si la condición del if es falsa.
- **elif**: Se usa para evaluar múltiples condiciones después de un if inicial. Es una abreviatura de "else if".

Sintaxis de if, else, y elif en Python:
python

```python
if condicion:
    # Código que se ejecuta si la condición es verdadera
elif otra_condicion:
    # Código que se ejecuta si la otra_condición es verdadera
else:
    # Código que se ejecuta si ninguna condición es verdadera
```

La lógica que hay detrás de estas estructuras es simple: primero se evalúa la condición del if. Si es verdadera, se ejecuta el código bajo el if y el programa ignora el resto. Si es falsa, se evalúan las siguientes condiciones elif. Si ninguna de las condiciones es verdadera, el bloque else se ejecuta como último recurso.

2.2 Ejemplos Prácticos: Crear Decisiones en Programas Básicos

Veamos algunos ejemplos prácticos para entender cómo funcionan las estructuras de control en Python.

Ejemplo 1: Decidir si un número es positivo, negativo o cero

Este es un problema clásico que ayuda a ilustrar cómo se pueden tomar decisiones basadas en una condición.

python

```python
numero = int(input("Ingresa un número: "))

if numero > 0:
    print("El número es positivo.")
elif numero < 0:
    print("El número es negativo.")
else:
    print("El número es cero.")
```

Explicación:

- Primero, se solicita al usuario que ingrese un número.
- Si el número es mayor que cero, se imprime "El número es positivo".

- Si el número es menor que cero, se imprime "El número es negativo".
- Si ninguna de las anteriores es verdadera (es decir, el número es igual a cero), se imprime "El número es cero".

Este simple ejemplo muestra cómo se puede usar if, elif, y else para controlar el flujo de un programa basado en condiciones.

Ejemplo 2: Comprobar si un usuario puede acceder a un sistema

Imaginemos un programa que verifica la edad de un usuario para decidir si puede acceder o no a una aplicación.

```python
edad = int(input("Ingresa tu edad: "))

if edad >= 18:
    print("Acceso permitido.")
else:
    print("Acceso denegado. Debes ser mayor de 18 años.")
```

Explicación:

- El programa solicita la edad del usuario.
- Si el usuario tiene 18 años o más, se imprime "Acceso permitido".
- Si el usuario tiene menos de 18 años, el acceso es denegado y se imprime "Acceso denegado".

Este ejemplo muestra cómo se toman decisiones basadas en la evaluación de una condición (edad >= 18).

Ejemplo 3: Descuento en una tienda según la cantidad de productos comprados

Vamos a crear un ejemplo en el que un cliente recibe un descuento dependiendo de la cantidad de productos que compra:

```python
cantidad = int(input("¿Cuántos productos compraste? "))

if cantidad >= 10:
    print("Recibes un 20% de descuento.")
elif cantidad >= 5:
    print("Recibes un 10% de descuento.")
else:
    print("No recibes descuento.")
```

Explicación:

- Si el cliente compra 10 o más productos, recibe un 20% de descuento.
- Si compra entre 5 y 9 productos, recibe un 10% de descuento.
- Si compra menos de 5 productos, no recibe descuento.

Uno de los desafíos más importantes al enseñar programación es ayudar a los estudiantes a pensar de forma lógica y algorítmica. Esto implica aprender a descomponer un problema en partes más pequeñas, y luego diseñar un conjunto de pasos (un **algoritmo**) que resuelvan el problema. A continuación, describimos algunos enfoques para desarrollar estas habilidades en los estudiantes.

Descomposición de Problemas

La programación consiste en resolver problemas, y uno de los métodos más eficaces para hacerlo es **descomponer el problema** en partes más pequeñas y manejables. Esto permite a los estudiantes trabajar en soluciones más simples antes de combinar todos los pasos en un programa completo.

Por ejemplo, si queremos crear un programa que clasifique números como positivos, negativos o cero (como en el ejemplo anterior), podemos descomponer el problema en tres partes:

1. Pedir al usuario un número.
2. Comparar el número con cero.
3. Imprimir un mensaje basado en el resultado de la comparación.

Diseño de Algoritmos

El **algoritmo** es un conjunto de instrucciones claras y bien definidas para resolver un problema. Un algoritmo para determinar si un número es positivo, negativo o cero podría ser algo así:

1. Obtener un número del usuario.
2. Si el número es mayor que cero, imprimir "positivo".
3. Si el número es menor que cero, imprimir "negativo".
4. Si el número es igual a cero, imprimir "cero".

Este algoritmo es un conjunto de pasos lógicos y claros que cualquier estudiante puede entender, y a partir de ahí puede traducirlo al código en Python.

Pruebas y Ajustes

Un concepto importante que los estudiantes deben entender es que el proceso de programación a menudo incluye **pruebas y ajustes**. Incluso los programadores experimentados escriben código que puede no funcionar correctamente la primera vez. Por lo tanto, es importante enseñarles a **probar su código** con diferentes entradas y condiciones para asegurarse de que el programa responde como se espera.

Por ejemplo, en el caso del programa que clasifica números como positivos o negativos, se debe probar con números mayores que cero, menores que cero y exactamente igual a cero, para verificar que cada camino lógico funcione correctamente.

Para ayudar a los estudiantes a visualizar la toma de decisiones en un programa, puede ser útil enseñarles a usar **diagramas de flujo**. Estos diagramas les permiten ver cómo las decisiones y las condiciones afectan el flujo de un programa.

- Un **diagrama de flujo** para el programa que determina si un número es positivo, negativo o cero incluiría decisiones como "¿El número es mayor que cero?" y diferentes flechas que indican los resultados posibles.

Visualizar el flujo de decisiones ayuda a los estudiantes a comprender cómo se comporta el código y cómo las condiciones dirigen el flujo de ejecución.

Capítulo 3: Estructuras Repetitivas: Bucleando con Python

3.1 Introducción a los Bucles: `for` y `while`

En programación, los bucles permiten ejecutar repetidamente un bloque de código mientras se cumpla una condición o para iterar sobre una secuencia de elementos. Esto es fundamental para reducir la redundancia en el código, automatizar procesos repetitivos y manejar grandes cantidades de datos de forma eficiente. En Python, los dos tipos principales de bucles son el bucle `for` y el bucle `while`.

¿Qué es un Bucle?

Un **bucle** es una estructura que repite un conjunto de instrucciones varias veces. Cada repetición de las instrucciones dentro del bucle se llama **iteración**. Los bucles son útiles cuando necesitamos realizar la misma tarea múltiples veces o recorrer una lista de elementos.

3.2 El Bucle `for`

El bucle `for` en Python se utiliza para iterar sobre una **secuencia** de elementos, como listas, cadenas de texto o rangos de números. Es ideal cuando sabes cuántas veces quieres que se ejecute el bucle.

Sintaxis del Bucle `for`:
python

```
for elemento in secuencia:
    # Código que se ejecuta en cada iteración
```

Cada iteración del bucle asigna un valor de la secuencia a la variable `elemento`, y luego ejecuta el bloque de código bajo el bucle.

Ejemplo 1: Iterando Sobre una Lista
python

```python
frutas = ["manzana", "banana", "cereza"]

for fruta in frutas:
    print(fruta)
```

Salida:

```
manzana
banana
cereza
```

En este ejemplo, el bucle `for` recorre la lista `frutas` y en cada iteración asigna un valor diferente a la variable `fruta`, que luego se imprime.

Ejemplo 2: Usando range()

El método `range()` genera una secuencia de números, que puede ser utilizada para controlar el número de iteraciones en un bucle.

python

```python
for i in range(5):
    print(i)
```

Salida:

```
0
1
2
3
4
```

En este caso, el bucle `for` iterará desde 0 hasta 4, es decir, cinco veces. El valor de `i` cambia en cada iteración, comenzando en 0 y aumentando en 1 en cada paso.

3.3 El Bucle while

El bucle `while` ejecuta un bloque de código **mientras** una condición sea verdadera. Es útil cuando no se sabe de antemano cuántas veces debe repetirse el bucle, pero se tiene una condición que determinará cuándo detenerse.

Sintaxis del Bucle while:
python

```python
while condicion:
    # Código que se ejecuta mientras la condición es verdadera
```

El bloque de código dentro del bucle `while` se ejecuta repetidamente mientras la condición sea verdadera. Cuando la condición es falsa, el bucle se detiene.

Ejemplo 1: Contador con `while`
python

```python
contador = 0

while contador < 5:
    print(contador)
    contador += 1
```

Salida:

```
0
1
2
3
4
```

Aquí, el bucle `while` se ejecuta mientras `contador` sea menor que 5. Después de cada iteración, la variable `contador` aumenta en 1. El bucle termina cuando `contador` alcanza 5.

Ejemplo 2: Bucle Infinito

Un bucle `while` puede volverse infinito si la condición nunca se vuelve falsa. Es importante tener siempre un mecanismo para que el bucle termine, como incrementar un contador o utilizar una condición lógica clara.

python

```python
while True:
    print("Esto es un bucle infinito.")
```

En este caso, el bucle se ejecutará indefinidamente, a menos que se utilice un comando como `break` para interrumpirlo manualmente.

3.4 Crear Patrones y Secuencias Repetitivas Mediante Bucles

Los bucles son especialmente útiles para generar secuencias o patrones de forma automática. Esto es importante en muchos aspectos de la programación, como el manejo de datos, gráficos y generación de estructuras repetitivas.

Ejemplo 1: Generar una Secuencia de Números Pares
python

```python
for i in range(2, 21, 2):
    print(i)
```

Salida:

```
2
4
6
8
10
12
14
16
18
20
```

Aquí, utilizamos `range(2, 21, 2)` para generar números pares desde 2 hasta 20. El tercer argumento en `range()` (el paso) indica que el bucle debe avanzar en incrementos de 2.

Ejemplo 2: Generar un Triángulo de Asteriscos
python

```python
for i in range(1, 6):
    print("*" * i)
```

Salida:

markdown

```
*
**
***
****
*****
```

Este ejemplo usa un bucle `for` para generar un triángulo de asteriscos. En cada iteración, la cantidad de asteriscos impresos aumenta en 1.

3.5 Ejercicio: Generar Tablas de Multiplicar y Listas Automáticas

Vamos a aplicar lo aprendido en un ejercicio práctico para generar tablas de multiplicar y crear listas de manera automática.

Generar la Tabla de Multiplicar del 5
python

```python
numero = 5

for i in range(1, 11):
    resultado = numero * i
    print(f"{numero} x {i} = {resultado}")
```

Salida:

```
5 x 1 = 5
5 x 2 = 10
```

```
5 x 3 = 15
5 x 4 = 20
5 x 5 = 25
5 x 6 = 30
5 x 7 = 35
5 x 8 = 40
5 x 9 = 45
5 x 10 = 50
```

En este ejercicio, el bucle `for` recorre los números del 1 al 10 y en cada iteración calcula el producto de `numero` (5 en este caso) y `i`. Se imprime la tabla completa de multiplicar del 5.

Generar una Lista Automática de Números

Podemos utilizar los bucles para generar listas de forma automática. Por ejemplo, una lista que contenga los cuadrados de los primeros 10 números.

```python
cuadrados = []

for i in range(1, 11):
    cuadrados.append(i ** 2)

print(cuadrados)
```

Salida:

```csharp
[1, 4, 9, 16, 25, 36, 49, 64, 81, 100]
```

Aquí, el bucle `for` recorre los números del 1 al 10 y en cada iteración calcula el cuadrado de `i`, que luego se agrega a la lista `cuadrados`.

3.6 Optimización y Consideraciones

Es importante enseñar a los estudiantes no solo a usar bucles, sino también a optimizarlos y entender cuándo uno es más adecuado que otro. Algunas consideraciones clave:

- **Usar `for` cuando se sabe cuántas veces debe repetirse el bucle** (como al recorrer listas o secuencias).
- **Usar `while` cuando la condición de salida no está claramente definida** o depende de un evento que puede no ocurrir siempre al mismo tiempo.
- Evitar bucles infinitos o sin fin, y siempre asegurarse de que los bucles tienen una condición clara de salida.

Capítulo 4: Funciones: Reutilizando Código

4.1 ¿Qué son las Funciones y por qué son Fundamentales?

En programación, una **función** es un bloque de código que se puede reutilizar en diferentes partes de un programa. Las funciones nos permiten dividir el código en partes más pequeñas y manejables, lo que mejora la legibilidad, facilita el mantenimiento y reduce la duplicación de código. Son fundamentales porque promueven la **modularidad** y la **reutilización** del código, dos principios clave en el desarrollo de software.

Beneficios de Usar Funciones:

- **Reutilización del Código**: Las funciones permiten escribir un conjunto de instrucciones una sola vez y reutilizarlas en diferentes partes del programa.
- **Modularidad**: Dividir el código en funciones facilita el desarrollo, prueba y depuración del programa.
- **Legibilidad**: Al encapsular tareas específicas dentro de funciones, el código principal del programa es más fácil de leer y comprender.
- **Mantenimiento**: Cuando el código está estructurado en funciones, cualquier cambio necesario se puede hacer en una sola función en lugar de en múltiples lugares.

En resumen, las funciones permiten organizar el código de manera eficiente y clara, lo que mejora la calidad y mantenibilidad del software.

4.2 Crear Funciones Básicas con Parámetros y Valores de Retorno

En Python, las funciones se definen usando la palabra clave `def`, seguida del nombre de la función, una lista opcional de **parámetros** y el cuerpo de la función, que es el código que se ejecuta cuando la función es llamada. Una función también puede devolver un valor utilizando la palabra clave `return`.

Sintaxis de una Función Básica:
python

```
def nombre_de_la_funcion(parametros):
    # Código de la función
    return valor  # Opcional, si la función devuelve algo
```

4.3 Ejemplo 1: Función Simple sin Parámetros ni Retorno
python

```
def saludar():
    print("¡Hola! Bienvenido a la programación con Python.")
```

Explicación:

- La función `saludar` no recibe ningún parámetro ni devuelve un valor. Simplemente imprime un mensaje cada vez que es llamada.

Uso:

```python
python
```

```python
saludar()
```

Salida:

```css
css
```

```
¡Hola! Bienvenido a la programación con Python.
```

4.4 Ejemplo 2: Función con Parámetros

Una función puede recibir **parámetros**, que son valores que le pasamos a la función para que los utilice dentro de su cuerpo.

```python
python
```

```python
def saludar(nombre):
    print(f"¡Hola, {nombre}! Bienvenido a la programación con
Python.")
```

Explicación:

- La función `saludar` ahora acepta un parámetro llamado `nombre`. Cuando se llama a la función, se debe pasar un valor que reemplazará a `nombre`.

Uso:

```python
python
```

```python
saludar("Ana")
```

Salida:

```css
css
```

```
¡Hola, Ana! Bienvenido a la programación con Python.
```

Aquí, la función personaliza el saludo utilizando el valor pasado como argumento.

4.5 Ejemplo 3: Función con Valor de Retorno

Una función también puede **devolver un valor** usando la palabra clave `return`. Este valor puede ser almacenado en una variable o utilizado directamente.

```python
python
```

```python
def suma(a, b):
    return a + b
```

Explicación:

- La función `suma` acepta dos parámetros (`a` y `b`) y devuelve el resultado de sumarlos.

Uso:

```python
```

```python
resultado = suma(5, 3)
print(resultado)
```

Salida:

```
8
```

En este ejemplo, la función devuelve la suma de los dos números, y ese valor es almacenado en la variable `resultado`, que luego es impreso.

4.6 Ejemplo 4: Función con Parámetros y Valor de Retorno

Las funciones pueden ser más complejas y manejar varios parámetros y valores de retorno.

```python
```

```python
def calcular_area_rectangulo(base, altura):
    area = base * altura
    return area
```

Explicación:

- La función `calcular_area_rectangulo` recibe dos parámetros: `base` y `altura`. Calcula el área del rectángulo multiplicando ambos valores y devuelve el resultado.

Uso:

```python
```

```python
area = calcular_area_rectangulo(5, 10)
print(f"El área del rectángulo es: {area}")
```

Salida:

```arduino
```

```
El área del rectángulo es: 50
```

Este ejemplo muestra cómo una función puede realizar un cálculo y devolver el resultado para ser utilizado en el programa principal.

4.7 Ejercicio Práctico 1: Convertidor de Temperatura

Vamos a crear una función que convierta una temperatura de grados Celsius a Fahrenheit.

python

```
def celsius_a_fahrenheit(celsius):
    fahrenheit = (celsius * 9/5) + 32
    return fahrenheit
```

Explicación:

- La función toma un valor en grados Celsius y lo convierte a Fahrenheit utilizando la fórmula de conversión.

Uso:

python

```
temp_f = celsius_a_fahrenheit(25)
print(f"25 grados Celsius son {temp_f} grados Fahrenheit.")
```

Salida:

```
25 grados Celsius son 77.0 grados Fahrenheit.
```

Este ejemplo muestra cómo las funciones pueden simplificar el trabajo de conversión al encapsular la lógica dentro de una función reutilizable.

4.8 Ejercicio Práctico 2: Calculadora de IVA

Vamos a crear una función que calcule el precio final de un producto añadiendo el IVA (Impuesto al Valor Agregado).

python

```
def calcular_precio_final(precio, iva):
    precio_final = precio + (precio * iva / 100)
    return precio_final
```

Explicación:

- La función calcular_precio_final toma como parámetros el precio del producto y el porcentaje del IVA. Calcula el precio final incluyendo el impuesto y lo devuelve.

Uso:

python

```
precio_con_iva = calcular_precio_final(100, 21)
```

```
print(f"El precio final con IVA es: {precio_con_iva}")
```

Salida:

```
arduino

El precio final con IVA es: 121.0
```

Este ejercicio enseña a los estudiantes cómo utilizar funciones para realizar cálculos más complejos y les muestra la importancia de reutilizar el código en tareas comunes como el cálculo de impuestos.

4.9 Ejercicio Práctico 3: Determinar si un Número es Primo

Un número primo es aquel que solo es divisible por 1 y por sí mismo. Vamos a crear una función que determine si un número dado es primo.

```python
python

def es_primo(numero):
    if numero < 2:
        return False
    for i in range(2, int(numero**0.5) + 1):
        if numero % i == 0:
            return False
    return True
```

Explicación:

- La función `es_primo` toma un número como parámetro y verifica si es primo. Utiliza un bucle `for` para comprobar si el número es divisible por algún valor entre 2 y la raíz cuadrada del número. Si encuentra un divisor, retorna `False` (no es primo); si no, retorna `True` (es primo).

Uso:

```python
python

numero = 29
if es_primo(numero):
    print(f"{numero} es un número primo.")
else:
    print(f"{numero} no es un número primo.")
```

Salida:

```
29 es un número primo.
```

Este ejemplo introduce un algoritmo más avanzado y demuestra cómo encapsular la lógica compleja dentro de una función facilita su reutilización.

4.10 Mini Proyecto: Calculadora de Operaciones Básicas

Vamos a combinar lo aprendido creando una calculadora que realice las operaciones de suma, resta, multiplicación y división usando funciones.

```python
def suma(a, b):
    return a + b

def resta(a, b):
    return a - b

def multiplicacion(a, b):
    return a * b

def division(a, b):
    if b != 0:
        return a / b
    else:
        return "Error: División por cero no permitida."

# Menú de opciones
print("Calculadora:")
print("1. Suma")
print("2. Resta")
print("3. Multiplicación")
print("4. División")

opcion = int(input("Elige una operación (1-4): "))
num1 = float(input("Ingresa el primer número: "))
num2 = float(input("Ingresa el segundo número: "))

if opcion == 1:
    print(f"El resultado de la suma es: {suma(num1, num2)}")
elif opcion == 2:
    print(f"El resultado de la resta es: {resta(num1, num2)}")
elif opcion == 3:
    print(f"El resultado de la multiplicación es:
{multiplicacion(num1, num2)}")
elif opcion == 4:
    print(f"El resultado de la división es: {division(num1, num2)}")
else:
    print("Opción inválida.")
```

Explicación:

- El programa utiliza cuatro funciones (`suma`, `resta`, `multiplicacion`, y `division`), cada una encargada de realizar una operación aritmética básica.
- Un menú simple permite al usuario elegir una operación, y luego la función correspondiente es llamada con los números ingresados.

Capítulo 5: Estructuras de Datos: Listas, Tuplas y Diccionarios

Las **estructuras de datos** son fundamentales en la programación porque permiten organizar y almacenar información de manera eficiente. En Python, las estructuras más utilizadas para manejar colecciones de datos son las **listas**, las **tuplas** y los **diccionarios**. Cada una tiene características particulares que las hacen adecuadas para diferentes tareas.

- **Listas**: Son colecciones **ordenadas** y **modificables** de elementos. Los elementos pueden ser de diferentes tipos (números, cadenas, listas, etc.) y pueden cambiarse después de su creación.
- **Tuplas**: Son similares a las listas, pero son **inmutables**, es decir, no pueden modificarse una vez creadas.
- **Diccionarios**: Son colecciones **desordenadas** de pares clave-valor. Cada valor en el diccionario está asociado a una clave única.

Vamos a explorar cómo funcionan y cómo se pueden utilizar en Python.

5.2 Listas
¿Qué es una Lista?

Una **lista** en Python es una colección ordenada de elementos que se puede modificar (agregar, eliminar o cambiar elementos). Es una de las estructuras de datos más versátiles.

Creación de una Lista
```python
frutas = ["manzana", "banana", "cereza"]
```

Aquí hemos creado una lista llamada `frutas` que contiene tres cadenas de texto.

Acceso a los Elementos de una Lista

Puedes acceder a los elementos de una lista usando **índices**. Los índices comienzan desde 0 para el primer elemento.

```python
print(frutas[0])   # Salida: manzana
print(frutas[2])   # Salida: cereza
```
Modificar Elementos de una Lista

Las listas son **mutables**, lo que significa que puedes cambiar los valores de sus elementos después de haberla creado.

```python
frutas[1] = "naranja"
print(frutas)  # Salida: ['manzana', 'naranja', 'cereza']
```

Operaciones Comunes con Listas

- **Agregar elementos**: Puedes agregar elementos a una lista usando el método `append()`.

```python
frutas.append("kiwi")
print(frutas)  # Salida: ['manzana', 'naranja', 'cereza', 'kiwi']
```

- **Eliminar elementos**: Puedes eliminar un elemento con `remove()` o eliminar el último con `pop()`.

```python
frutas.remove("naranja")
print(frutas)  # Salida: ['manzana', 'cereza', 'kiwi']

frutas.pop()   # Elimina el último elemento
print(frutas)  # Salida: ['manzana', 'cereza']
```

- **Longitud de la lista**: Usa `len()` para saber cuántos elementos tiene una lista.

```python
print(len(frutas))  # Salida: 2
```

5.3 Tuplas

¿Qué es una Tupla?

Una **tupla** es similar a una lista, pero es **inmutable,** lo que significa que no se puede cambiar después de su creación. Las tuplas son útiles cuando quieres asegurarte de que los datos no se modificarán por accidente.

Creación de una Tupla

```python
colores = ("rojo", "verde", "azul")
```

Acceso a los Elementos de una Tupla

Al igual que las listas, puedes acceder a los elementos de una tupla utilizando índices.

```python
print(colores[1])  # Salida: verde
```

¿Por qué usar Tuplas?

Las tuplas son más eficientes en términos de uso de memoria que las listas y son más rápidas de procesar. Son útiles cuando necesitas una colección de elementos que no deban cambiar a lo largo del programa, como coordenadas, días de la semana, etc.

5.4 Diccionarios

¿Qué es un Diccionario?

Un **diccionario** es una colección de pares clave-valor. Las claves son **únicas**, y a cada clave le corresponde un valor.

Creación de un Diccionario
python

```python
estudiante = {
    "nombre": "Juan",
    "edad": 20,
    "curso": "Python"
}
```

En este ejemplo, hemos creado un diccionario llamado `estudiante` con tres pares clave-valor.

Acceso a los Valores de un Diccionario

Puedes acceder a los valores de un diccionario utilizando las claves.

python

```python
print(estudiante["nombre"])   # Salida: Juan
print(estudiante["edad"])   # Salida: 20
```

Modificación de un Diccionario

Puedes cambiar los valores de un diccionario asignando un nuevo valor a una clave existente.

python

```python
estudiante["edad"] = 21
print(estudiante)  # Salida: {'nombre': 'Juan', 'edad': 21, 'curso': 'Python'}
```

Agregar y Eliminar Elementos

- **Agregar un nuevo par clave-valor**:

  python

  ```python
  estudiante["nota"] = 9.5
  print(estudiante)  # Salida: {'nombre': 'Juan', 'edad': 21, 'curso': 'Python', 'nota': 9.5}
  ```

- **Eliminar un elemento**:

```python

del estudiante["nota"]
print(estudiante)   # Salida: {'nombre': 'Juan', 'edad': 21,
'curso': 'Python'}
```

Longitud del Diccionario

Puedes utilizar `len()` para obtener el número de pares clave-valor en un diccionario.

```python

print(len(estudiante))   # Salida: 3
```

5.5 Manipulación de Datos y Operaciones Comunes

Las listas, tuplas y diccionarios te permiten hacer una variedad de manipulaciones y operaciones de datos. Aquí te mostramos algunas de las más comunes.

1. Iteración sobre una Lista

Puedes iterar sobre los elementos de una lista usando un bucle `for`.

```python

frutas = ["manzana", "banana", "cereza"]
for fruta in frutas:
    print(fruta)
```

Salida:

```
manzana
banana
cereza
```

2. Comprobar si un Elemento Está en una Lista

Puedes usar el operador `in` para verificar si un elemento está en una lista o diccionario.

```python

if "banana" in frutas:
    print("La banana está en la lista.")
```

3. Iteración sobre un Diccionario

Para iterar sobre un diccionario, puedes recorrer las claves o los valores.

```python

for clave, valor in estudiante.items():
    print(f"{clave}: {valor}")
```

Salida:

```
makefile

nombre: Juan
edad: 21
curso: Python
```

4. Listas Dinámicas: Agregar Elementos Basados en una Condición

Puedes crear listas dinámicas utilizando bucles y condicionales. Por ejemplo, para agregar solo los números pares a una lista:

```python
numeros = []
for i in range(10):
    if i % 2 == 0:
        numeros.append(i)
print(numeros)
```

Salida:

```
csharp

[0, 2, 4, 6, 8]
```

5. Filtrar Elementos de una Lista

Puedes usar una **comprensión de listas** para filtrar elementos rápidamente.

```python
numeros = [1, 2, 3, 4, 5, 6, 7, 8, 9]
pares = [num for num in numeros if num % 2 == 0]
print(pares)
```

Salida:

```
csharp

[2, 4, 6, 8]
```

5.6 Ejemplos Prácticos: Creación de Listas Dinámicas y Filtros

Ejemplo 1: Crear una Lista Dinámica de Números Cuadrados

Vamos a crear una lista que contenga los cuadrados de los primeros 10 números.

```python
cuadrados = []
for i in range(1, 11):
    cuadrados.append(i ** 2)
print(cuadrados)
```

Salida:

```csharp
[1, 4, 9, 16, 25, 36, 49, 64, 81, 100]
```

En este ejemplo, se recorre un rango de números del 1 al 10, y en cada iteración se calcula el cuadrado del número y se agrega a la lista `cuadrados`.

Ejemplo 2: Filtro de Diccionarios Basado en Clave

Supongamos que tenemos una lista de diccionarios que representan estudiantes, y queremos filtrar solo aquellos que tengan una nota mayor a 8.

```python
estudiantes = [
    {"nombre": "Juan", "nota": 7},
    {"nombre": "Ana", "nota": 9},
    {"nombre": "Luis", "nota": 8.5},
]

aprobados = [estudiante for estudiante in estudiantes if
estudiante["nota"] > 8]
print(aprobados)
```

Salida:

```css
[{'nombre': 'Ana', 'nota': 9}, {'nombre': 'Luis', 'nota': 8.5}]
```

Aquí, usamos una comprensión de listas para recorrer la lista de estudiantes y crear una nueva lista `aprobados` solo con los estudiantes que tengan una nota mayor a 8.

Capítulo 6: Manejo de Errores: Depuración y Buenas Prácticas

6.1 Introducción al Manejo de Errores y Excepciones

El **manejo de errores** es una habilidad esencial en la programación, ya que ningún código está exento de fallos. Los errores, o **excepciones**, ocurren cuando el programa encuentra algo inesperado o inusual que interrumpe su ejecución. Python ofrece mecanismos para capturar y manejar estos errores de manera segura, lo que permite que el programa siga funcionando o, al menos, que falle de forma controlada.

El uso adecuado de **excepciones** no solo previene que los programas se detengan inesperadamente, sino que también permite a los desarrolladores encontrar y solucionar problemas más rápido. En este capítulo, exploraremos cómo gestionar errores utilizando las estructuras `try`, `except`, `else`, y `finally`, así como las buenas prácticas para depurar y evitar errores comunes.

Python ofrece una forma poderosa y flexible de manejar excepciones utilizando bloques `try-except`. La idea es "probar" (try) un bloque de código y, si ocurre un error, capturar la excepción con `except` para manejarla de forma apropiada.

Sintaxis de Manejo de Excepciones:
python

```python
try:
    # Código que puede generar una excepción
except TipoDeError:
    # Qué hacer si ocurre el error
else:
    # Qué hacer si NO ocurre el error
finally:
    # Código que siempre se ejecuta, ocurra o no un error
```

- **try**: El bloque donde se intenta ejecutar el código.
- **except**: El bloque donde se manejan los errores si ocurren.
- **else**: Este bloque se ejecuta si no se produce ninguna excepción.
- **finally**: Se utiliza para ejecutar código que debe correr siempre, ocurra o no un error, como cerrar archivos o liberar recursos.

Ejemplo 1: Manejo de una División por Cero
python

```python
try:
    numero = int(input("Ingresa un número: "))
    resultado = 10 / numero
    print(f"El resultado es {resultado}")
except ZeroDivisionError:
    print("Error: No se puede dividir entre cero.")
except ValueError:
    print("Error: Debes ingresar un número válido.")
else:
    print("La operación se realizó con éxito.")
finally:
    print("Fin del proceso.")
```

Explicación:

- El bloque `try` intenta realizar una división.
- Si el usuario ingresa 0, se lanza una **excepción** `ZeroDivisionError`, que es capturada por el bloque `except`.
- Si el usuario ingresa un valor no numérico, se lanza una excepción `ValueError`, que también es capturada.
- El bloque `finally` se ejecuta siempre, sin importar si hubo o no una excepción.

Salida Ejemplo 1:

yaml

```
Ingresa un número: 0
Error: No se puede dividir entre cero.
Fin del proceso.
```

Ejemplo 2: Uso del Bloque `finally` para Cerrar Recursos

En este ejemplo, utilizamos `finally` para asegurarnos de que un archivo se cierre, independientemente de si ocurre un error.

python

```python
try:
    archivo = open("datos.txt", "r")
    contenido = archivo.read()
    print(contenido)
except FileNotFoundError:
    print("Error: El archivo no existe.")
finally:
    archivo.close()
    print("Archivo cerrado.")
```

Explicación:

- Si el archivo no existe, se lanza una excepción `FileNotFoundError` y el mensaje de error se imprime.
- El bloque `finally` garantiza que el archivo se cierre, evitando que quede abierto accidentalmente.

6.3 Enseñar a los Estudiantes a Identificar y Solucionar Errores Comunes

Es importante que los estudiantes no solo aprendan a manejar excepciones, sino también a **identificar** y **resolver** errores por sí mismos. A continuación, cubrimos algunos de los errores más comunes que los principiantes suelen cometer, y cómo pueden abordarse.

1. Errores de Sintaxis

Los **errores de sintaxis** ocurren cuando el código no está escrito de acuerdo con las reglas del lenguaje Python. Por ejemplo, olvidar los dos puntos (`:`) al final de una declaración `if`.

python

```python
if 5 > 3  # Error de sintaxis: falta el ":"
    print("Cinco es mayor que tres")
```

Cómo identificarlos:

- Los errores de sintaxis son fáciles de detectar, ya que Python los marca cuando intentas ejecutar el código. Las herramientas de desarrollo como **IDLE** o **VS Code** resaltan automáticamente estos errores.

Solución:

- Revisar el mensaje de error en la consola. Python siempre muestra la línea exacta donde ocurrió el error.
- Reescribir la línea afectada según la sintaxis correcta del lenguaje.

2. Errores de Tipo (TypeError)

Estos errores ocurren cuando intentas realizar una operación con tipos de datos incompatibles, como sumar un número con una cadena.

python

```
numero = 5
texto = "cinco"
print(numero + texto)  # Error: no se puede sumar un número con un
texto
```

Cómo identificarlos:

- Python genera una excepción `TypeError` con un mensaje que explica qué tipos de datos están causando el problema.

Solución:

- Usar las funciones de conversión adecuadas. En este caso, convertir el número a cadena con `str()` o el texto a número con `int()` (si es posible).

python

```
print(str(numero) + texto)  # Solución: convertir el número a cadena
```

3. Errores de Índice (IndexError)

Los **errores de índice** ocurren cuando intentas acceder a un elemento de una lista, tupla o cadena utilizando un índice fuera del rango válido.

python

```
frutas = ["manzana", "banana", "cereza"]
print(frutas[3]) # Error: el índice 3 no existe
```

Cómo identificarlos:

- Python lanza una excepción `IndexError` cuando el índice está fuera del rango.

Solución:

- Usar la función `len()` para verificar el tamaño de la lista antes de intentar acceder a un índice.

python

```
if len(frutas) > 3:
```

```
    print(frutas[3])
else:
    print("Índice fuera de rango")
```

6.4 Herramientas de Depuración y Trucos para Evitar Errores

Depurar un programa significa encontrar y corregir errores en el código. Python proporciona herramientas y técnicas útiles que permiten identificar problemas rápidamente.

1. Uso de `print()` para Depurar

Uno de los métodos más sencillos de depuración es insertar `print()` en diferentes partes del código para ver los valores de las variables en cada etapa.

python

```python
def calcular_total(precio, cantidad):
    print(f"Precio: {precio}, Cantidad: {cantidad}")
    return precio * cantidad

total = calcular_total(100, 5)
print(f"Total: {total}")
```

Aunque este método es básico, es extremadamente útil para entender cómo fluye el programa y detectar dónde pueden estar ocurriendo errores.

2. Depuradores Integrados (Debuggers)

Los IDEs como **VS Code**, **PyCharm**, y **IDLE** incluyen herramientas avanzadas de depuración que permiten ejecutar el programa paso a paso, observar el estado de las variables, y colocar **puntos de interrupción** donde la ejecución se detiene automáticamente para inspeccionar el código.

- **Colocar puntos de interrupción**: Los depuradores te permiten detener la ejecución en una línea específica y examinar el estado del programa.
- **Paso a paso**: Puedes avanzar por el programa línea por línea, observando cómo cambian los valores de las variables.

Usar un depurador es una de las mejores maneras de entender el flujo de un programa y resolver errores más complejos.

3. Bloques de Código Pequeños y Pruebas Unitarias

Escribir código en bloques pequeños y modulares facilita la identificación de errores. Además, realizar **pruebas unitarias** (un test que verifica que una función o método se comporta como se espera) asegura que las partes individuales del programa funcionen correctamente.

Ejemplo de una prueba simple para una función:

```python
python

def suma(a, b):
    return a + b

def prueba_suma():
    assert suma(2, 3) == 5, "Error: La suma no es correcta"
    assert suma(-1, 1) == 0, "Error: La suma no es correcta"
    print("Todas las pruebas pasaron.")

prueba_suma()
```

Si alguna de las pruebas falla, el mensaje de error señalará qué parte del código debe corregirse.

4. Evitando Errores Comunes con Buenas Prácticas

Implementar buenas prácticas ayuda a prevenir errores desde el inicio:

- **Escribir código claro y bien comentado**: Los comentarios y nombres de variables descriptivos hacen que el código sea más fácil de entender y depurar.
- **Comprobación de entradas**: Validar los datos que el programa recibe del usuario o de otras fuentes antes de procesarlos puede evitar errores inesperados. Por ejemplo, asegurarse de que los valores numéricos son positivos antes de realizar operaciones.

  ```python
  python

  if precio < 0:
      raise ValueError("El precio no puede ser negativo.")
  ```

- **Documentar el Código**: Mantener una buena documentación es crucial para que otros (y tú mismo en el futuro) entiendan el propósito de las funciones y los módulos.

Capítulo 7: Introducción a la Programación Orientada a Objetos (POO)

La **Programación Orientada a Objetos** (POO) es un paradigma de programación que se centra en la creación y manipulación de objetos. Estos objetos son instancias de clases que contienen datos y comportamientos. Este enfoque es fundamental en el desarrollo de software moderno, ya que permite organizar el código de manera más eficiente, favorece la reutilización de código y facilita el mantenimiento a largo plazo.

En este capítulo, exploraremos los conceptos clave de la POO, aprenderemos cómo crear clases simples en Python y terminaremos con un ejercicio práctico que te ayudará a consolidar lo aprendido.

7.1. Conceptos Clave de la POO

7.1.1. Clases

Una clase es un modelo o plantilla que define las características y comportamientos que los objetos de ese tipo tendrán. Piensa en una clase como un plano que describe cómo deben construirse los objetos.

En Python, la sintaxis para crear una clase es sencilla:

python

```
class NombreDeLaClase:
    # Código que define la clase
```

Por ejemplo, para crear una clase que represente un **Coche**, podríamos hacer lo siguiente:

python

```
class Coche:
    def __init__(self, marca, modelo, año):
        self.marca = marca
        self.modelo = modelo
        self.año = año
```

El método __init__ es el **constructor** de la clase. Se ejecuta cada vez que se crea una nueva instancia (objeto) de esa clase.

7.1.2. Objetos

Un objeto es una **instancia** de una clase. Si la clase es el plano, el objeto es la construcción final que sigue ese plano.

Siguiendo el ejemplo anterior, podemos crear objetos de la clase Coche de la siguiente manera:

python

```
mi_coche = Coche("Toyota", "Corolla", 2020)
```

Aquí, mi_coche es un objeto de la clase Coche, y tiene sus propios valores para los atributos marca, modelo y año.

7.1.3. Herencia

La **herencia** es un principio fundamental en POO que permite crear nuevas clases basadas en clases existentes. Esto fomenta la reutilización de código y facilita la creación de relaciones jerárquicas entre clases.

Por ejemplo, podríamos crear una clase CocheElectrico que herede de Coche:

python

```
class CocheElectrico(Coche):
```

```
def __init__(self, marca, modelo, año, autonomia):
    super().__init__(marca, modelo, año)  # Llama al constructor
de la clase padre
    self.autonomia = autonomia
```

Con `super()`, llamamos al constructor de la clase padre (`Coche`), lo que permite reutilizar su funcionalidad y luego agregar nuevas características como `autonomia`.

7.1.4. Encapsulación

La **encapsulación** es la técnica que permite controlar el acceso a los atributos y métodos de una clase. Protege la información sensible y garantiza que solo se pueda interactuar con los datos de manera controlada.

En Python, se puede implementar encapsulación utilizando guiones bajos para indicar que un atributo es "privado":

python

```
class Coche:
    def __init__(self, marca, modelo, año):
        self._marca = marca  # Atributo privado
        self._modelo = modelo
        self._año = año
```

Aunque en Python esta es solo una convención, indica que esos atributos no deberían ser modificados directamente desde fuera de la clase.

7.2. Primeros Pasos Creando Clases Simples en Python

Ahora que entendemos los conceptos clave, vamos a crear una clase simple en Python y un par de objetos para entender mejor su funcionamiento.

Por ejemplo, supongamos que queremos modelar un **Perro**:

python

```
class Perro:
    def __init__(self, nombre, raza):
        self.nombre = nombre
        self.raza = raza

    def ladrar(self):
        print(f"{self.nombre} está ladrando.")

# Creación de objetos
mi_perro = Perro("Fido", "Labrador")
mi_perro.ladrar()  # Salida: Fido está ladrando.
```

En este caso, hemos definido una clase `Perro` con dos atributos (`nombre` y `raza`) y un método llamado `ladrar` que imprime un mensaje en pantalla.

7.3. Ejercicio Práctico: Crear un Programa Basado en Objetos

Vamos a poner en práctica todo lo aprendido creando un programa que modele una **biblioteca** con libros. Cada libro tendrá un título, autor y año de publicación, y la biblioteca podrá agregar y mostrar los libros que tiene.

Paso 1: Crear la clase Libro
python

```python
class Libro:
    def __init__(self, titulo, autor, año):
        self.titulo = titulo
        self.autor = autor
        self.año = año

    def mostrar_info(self):
        return f"{self.titulo}, por {self.autor} ({self.año})"
```

Paso 2: Crear la clase Biblioteca
python

```python
class Biblioteca:
    def __init__(self):
        self.libros = []

    def agregar_libro(self, libro):
        self.libros.append(libro)

    def mostrar_libros(self):
        for libro in self.libros:
            print(libro.mostrar_info())
```

Paso 3: Usar las clases para gestionar la biblioteca
python

```python
# Crear una biblioteca
mi_biblioteca = Biblioteca()

# Crear algunos libros
libro1 = Libro("Cien años de soledad", "Gabriel García Márquez", 1967)
libro2 = Libro("Don Quijote de la Mancha", "Miguel de Cervantes",
1605)

# Agregar los libros a la biblioteca
mi_biblioteca.agregar_libro(libro1)
mi_biblioteca.agregar_libro(libro2)

# Mostrar los libros en la biblioteca
mi_biblioteca.mostrar_libros()
```

Resultado esperado:
css

```
Cien años de soledad, por Gabriel García Márquez (1967)
Don Quijote de la Mancha, por Miguel de Cervantes (1605)
```

Capítulo 8: Archivos y Manejo de Datos Externos

Uno de los aspectos más importantes en la programación es la capacidad de trabajar con **datos externos**. Ya sea para almacenar información de manera persistente, compartir datos entre aplicaciones o realizar análisis de grandes cantidades de información, manejar archivos es una habilidad clave. En este capítulo, veremos cómo leer y escribir archivos en distintos formatos y aprenderemos técnicas para procesar datos de manera eficiente.

8.1. Lectura y Escritura de Archivos

Python proporciona una interfaz sencilla para trabajar con archivos. Los tipos de archivos más comunes son los archivos de texto plano (como `.txt`) y los archivos separados por comas (como `.csv`), que son formatos estándar para almacenar datos estructurados.

8.1.1. Trabajando con Archivos de Texto (.txt)

Los archivos de texto son simples de manipular y sirven para almacenar información básica, como logs, configuraciones, o notas.

Escribir en un archivo de texto

La función `open()` nos permite abrir archivos en diferentes modos: lectura (`'r'`), escritura (`'w'`), o anexado (`'a'`). Veamos cómo escribir en un archivo de texto:

python

```python
# Crear y escribir en un archivo de texto
with open("ejemplo.txt", "w") as archivo:
    archivo.write("Este es un ejemplo de escritura en un archivo de
texto.\n")
    archivo.write("Otra línea en el archivo.")
```

El bloque `with` asegura que el archivo se cierre correctamente después de la operación. El modo `'w'` sobreescribe el archivo si ya existe.

Leer un archivo de texto

Para leer el contenido de un archivo, podemos utilizar el modo `'r'`:

python

```python
# Leer el archivo de texto
with open("ejemplo.txt", "r") as archivo:
    contenido = archivo.read()
    print(contenido)
```

Si el archivo es muy grande, puede ser útil leerlo línea por línea:

python

```
with open("ejemplo.txt", "r") as archivo:
    for linea in archivo:
        print(linea.strip())  # .strip() elimina espacios o saltos de
línea extra
```

8.1.2. Trabajando con Archivos CSV

Los archivos **CSV** (valores separados por comas) son ampliamente utilizados para almacenar datos tabulares. Python ofrece el módulo `csv` para facilitar la lectura y escritura de este tipo de archivos.

Escribir en un archivo CSV
python

```
import csv

# Datos para escribir en el archivo CSV
datos = [
    ["Nombre", "Edad", "Ciudad"],
    ["Ana", 30, "Madrid"],
    ["Juan", 25, "Barcelona"]
]

# Escribir en el archivo CSV
with open("personas.csv", "w", newline='') as archivo_csv:
    escritor = csv.writer(archivo_csv)
    escritor.writerows(datos)  # Escribe múltiples filas
```

Leer un archivo CSV
python

```
import csv

# Leer el archivo CSV
with open("personas.csv", "r") as archivo_csv:
    lector = csv.reader(archivo_csv)
    for fila in lector:
        print(fila)
```

El uso del argumento `newline=''` asegura que el archivo no agregue líneas en blanco adicionales en sistemas Windows.

8.2. Procesamiento Eficiente de Grandes Cantidades de Datos

Cuando trabajamos con grandes conjuntos de datos, es importante hacerlo de manera eficiente para evitar problemas de rendimiento. Python nos ofrece varias estrategias para procesar grandes archivos sin consumir demasiados recursos.

8.2.1. Lectura de Archivos en Bloques

Una técnica eficaz para leer archivos grandes es procesarlos por partes, en lugar de cargarlos completamente en memoria. Podemos usar un **buffer** para leer el archivo en bloques de datos.

Por ejemplo, leer un archivo de texto en bloques de 1024 bytes:

python

```python
# Leer un archivo grande en bloques de 1024 bytes
with open("archivo_grande.txt", "r") as archivo:
    while True:
        bloque = archivo.read(1024)
        if not bloque:
            break
        procesar_bloque(bloque)
```

Para archivos CSV, el enfoque es similar:

python

```python
import csv

# Leer archivo CSV en fragmentos
with open("archivo_grande.csv", "r") as archivo_csv:
    lector = csv.reader(archivo_csv)
    for fila in lector:
        procesar_fila(fila)  # Procesar cada fila sin cargar el
archivo completo
```

8.2.2. Uso de Generadores

Los **generadores** en Python permiten procesar secuencias de datos de manera eficiente, generando un valor a la vez. Esto es útil cuando queremos iterar sobre grandes conjuntos de datos sin almacenarlos todos en memoria.

python

```python
def leer_archivo_linea_por_linea(archivo):
    with open(archivo, "r") as f:
        for linea in f:
            yield linea.strip()

# Usar el generador
for linea in leer_archivo_linea_por_linea("archivo_grande.txt"):
    procesar_linea(linea)
```

Este enfoque es especialmente útil para archivos que no caben en la memoria RAM.

8.3. Ejemplos Prácticos: Generar Reportes y Análisis de Datos

Vamos a ver un ejemplo práctico en el que leemos un archivo CSV, procesamos sus datos y generamos un reporte sencillo.

8.3.1. Generación de un Reporte de Ventas

Imaginemos que tenemos un archivo ventas.csv que contiene información de ventas de una tienda:

```
Producto,Cantidad,Precio
Camiseta,5,20
Pantalón,3,30
Zapatos,2,50
```

Queremos leer este archivo y generar un reporte que muestre el total vendido para cada producto.

Paso 1: Leer y procesar los datos
python

```python
import csv

# Leer y procesar archivo CSV
ventas = {}

with open("ventas.csv", "r") as archivo_csv:
    lector = csv.DictReader(archivo_csv)
    for fila in lector:
        producto = fila["Producto"]
        cantidad = int(fila["Cantidad"])
        precio = float(fila["Precio"])
        total = cantidad * precio

        if producto not in ventas:
            ventas[producto] = 0
        ventas[producto] += total

# Generar el reporte
for producto, total in ventas.items():
    print(f"Producto: {producto} - Total vendido: ${total:.2f}")
```

Salida esperada:
yaml

```
Producto: Camiseta - Total vendido: $100.00
Producto: Pantalón - Total vendido: $90.00
Producto: Zapatos - Total vendido: $100.00
```

8.3.2. Análisis de Datos

Imaginemos que queremos analizar el archivo de ventas para obtener información adicional, como el producto más vendido. Modificamos el script anterior para calcular el producto con el mayor total de ventas.

python

```python
# Encontrar el producto más vendido
producto_mas_vendido = max(ventas, key=ventas.get)
print(f"Producto más vendido: {producto_mas_vendido} - Total: ${ventas[producto_mas_vendido]:.2f}")
```

Este script utiliza la función max() con el parámetro key para encontrar el producto con el mayor valor en el diccionario ventas.

Capítulo 9: Interfaz Gráfica de Usuario (GUI) con Tkinter

El desarrollo de aplicaciones con una **Interfaz Gráfica de Usuario** (GUI, por sus siglas en inglés) es una habilidad esencial para crear programas interactivos y fáciles de usar. En Python, la biblioteca **Tkinter** proporciona una forma sencilla y potente de crear interfaces gráficas. Este capítulo te introducirá en el uso de Tkinter para crear ventanas, botones y manejar eventos. Al final, desarrollaremos una pequeña aplicación con una GUI interactiva.

9.1. Introducción a Tkinter

Tkinter es el módulo estándar de Python para la creación de interfaces gráficas. Es fácil de aprender y tiene una sintaxis clara, lo que lo convierte en una excelente opción para principiantes. Con Tkinter, puedes crear ventanas, cuadros de texto, botones, etiquetas, menús y mucho más.

Antes de comenzar, asegúrate de que Tkinter esté instalado en tu sistema. Si usas una instalación estándar de Python, es probable que ya lo tengas disponible. Para verificar, puedes importar el módulo:

```python
import tkinter as tk
```

9.1.1. Crear una Ventana Básica

El primer paso para crear una GUI es inicializar una ventana principal donde se alojarán todos los elementos gráficos.

```python
import tkinter as tk

# Crear la ventana principal
ventana = tk.Tk()

# Establecer el título de la ventana
ventana.title("Mi Primera Ventana")

# Ejecutar el bucle principal de la ventana
ventana.mainloop()
```

El método `Tk()` crea una ventana vacía, y `mainloop()` mantiene la ventana abierta hasta que el usuario la cierre. Si ejecutas este código, verás una ventana sencilla con el título "Mi Primera Ventana".

9.1.2. Añadir Widgets (Elementos de Interfaz)

Los **widgets** son los componentes gráficos que añadimos a la ventana, como botones, etiquetas y cuadros de entrada. Tkinter ofrece una variedad de widgets, y en esta sección vamos a explorar algunos básicos.

Una **etiqueta** muestra texto o imágenes en la ventana. Para agregar una etiqueta con texto, usamos el widget `Label`:

python

```python
import tkinter as tk

ventana = tk.Tk()
ventana.title("Etiqueta Ejemplo")

# Crear una etiqueta con texto
etiqueta = tk.Label(ventana, text="¡Hola, Tkinter!")
etiqueta.pack()  # Empaquetar la etiqueta en la ventana

ventana.mainloop()
```

El método `pack()` coloca el widget en la ventana de forma automática, ajustándolo a su tamaño.

Los botones son fundamentales para interactuar con la aplicación. Aquí te mostramos cómo añadir un botón simple a la ventana:

python

```python
import tkinter as tk

ventana = tk.Tk()
ventana.title("Botón Ejemplo")

# Definir una función que será llamada cuando se pulse el botón
def saludar():
    print("¡Hola, has pulsado el botón!")

# Crear el botón y asignarle la función
boton = tk.Button(ventana, text="Pulsar", command=saludar)
boton.pack()

ventana.mainloop()
```

Al hacer clic en el botón, la función `saludar` se ejecutará e imprimirá un mensaje en la consola.

9.2. Manejo de Eventos Básicos

En una aplicación con GUI, los eventos ocurren cada vez que el usuario interactúa con los elementos de la interfaz. Estos eventos pueden ser el clic de un botón, escribir en un cuadro de texto o mover el ratón. En Tkinter, los eventos se manejan mediante funciones que se vinculan a las acciones del usuario.

9.2.1. Eventos en Botones

Ya vimos cómo asociar una función a un botón mediante el argumento `command`. Vamos a expandir ese concepto para crear eventos más complejos.

```python
import tkinter as tk

ventana = tk.Tk()
ventana.title("Eventos con Botón")

def al_pulsar():
    etiqueta.config(text="¡Botón pulsado!")

# Crear un botón que cambie el texto de una etiqueta
boton = tk.Button(ventana, text="Haz clic aquí", command=al_pulsar)
boton.pack()

# Crear una etiqueta vacía
etiqueta = tk.Label(ventana, text="")
etiqueta.pack()

ventana.mainloop()
```

En este ejemplo, al pulsar el botón, se cambia el texto de la etiqueta usando el método `config()`.

9.2.2. Capturar Entrada de Texto

Podemos crear cuadros de entrada de texto donde el usuario puede escribir, y luego capturar ese texto para usarlo en nuestra aplicación.

```python
import tkinter as tk

ventana = tk.Tk()
ventana.title("Entrada de Texto")

# Crear un cuadro de texto
entrada = tk.Entry(ventana)
entrada.pack()

# Definir una función que muestre el contenido del cuadro de texto
def mostrar_texto():
    texto = entrada.get()
    etiqueta.config(text=f"Has escrito: {texto}")

# Crear un botón que llame a la función mostrar_texto
boton = tk.Button(ventana, text="Mostrar texto",
command=mostrar_texto)
boton.pack()

# Crear una etiqueta para mostrar el resultado
etiqueta = tk.Label(ventana, text="")
etiqueta.pack()
```

```
ventana.mainloop()
```

Aquí, el texto ingresado por el usuario en el cuadro de texto se mostrará en la etiqueta cuando el usuario haga clic en el botón.

9.3. Proyecto Práctico: Crear una Aplicación con Interfaz Gráfica

Vamos a desarrollar una pequeña aplicación que permita al usuario ingresar un número y, al hacer clic en un botón, el programa calculará el doble de ese número y lo mostrará en la pantalla.

Paso 1: Definir la Interfaz Básica

La aplicación tendrá los siguientes componentes:

1. Un cuadro de entrada para que el usuario ingrese un número.
2. Un botón para calcular el doble del número.
3. Una etiqueta que mostrará el resultado.

```python
import tkinter as tk

# Crear la ventana principal
ventana = tk.Tk()
ventana.title("Calculadora de Doble")

# Crear un cuadro de entrada
entrada = tk.Entry(ventana)
entrada.pack(pady=10)

# Crear una etiqueta para mostrar el resultado
resultado = tk.Label(ventana, text="Resultado: ")
resultado.pack(pady=10)

# Definir la función para calcular el doble
def calcular_doble():
    numero = entrada.get()
    if numero.isdigit():
        doble = int(numero) * 2
        resultado.config(text=f"Resultado: {doble}")
    else:
        resultado.config(text="Por favor, introduce un número
válido.")

# Crear un botón para realizar el cálculo
boton = tk.Button(ventana, text="Calcular Doble",
command=calcular_doble)
boton.pack(pady=10)

ventana.mainloop()
```

Paso 2: Explicación del Código

1. **Entrada de datos:** El widget `Entry` permite al usuario ingresar un número.

2. **Etiqueta de resultado:** Se utiliza un `Label` para mostrar el resultado del cálculo.
3. **Botón para calcular:** El botón `Calcular Doble` llama a la función `calcular_doble()` cuando se pulsa. Esta función obtiene el valor ingresado, verifica que sea un número y, si es válido, calcula el doble y actualiza la etiqueta con el resultado.

Paso 3: Mejorar la Interfaz

Podemos mejorar la interfaz añadiendo una estructura más clara y ajustando el diseño. Por ejemplo, podemos organizar los widgets usando el método `grid()` para colocar los elementos en posiciones específicas.

```python
import tkinter as tk

# Crear la ventana principal
ventana = tk.Tk()
ventana.title("Calculadora de Doble")

# Configurar la cuadrícula
ventana.columnconfigure(0, weight=1)
ventana.columnconfigure(1, weight=1)

# Crear una etiqueta y un cuadro de entrada
tk.Label(ventana, text="Introduce un número:").grid(column=0, row=0,
padx=10, pady=10)
entrada = tk.Entry(ventana)
entrada.grid(column=1, row=0, padx=10, pady=10)

# Crear una etiqueta para el resultado
resultado = tk.Label(ventana, text="Resultado: ")
resultado.grid(column=0, row=1, columnspan=2, padx=10, pady=10)

# Definir la función para calcular el doble
def calcular_doble():
    numero = entrada.get()
    if numero.isdigit():
        doble = int(numero) * 2
        resultado.config(text=f"Resultado: {doble}")
    else:
        resultado.config(text="Por favor, introduce un número
válido.")

# Crear un botón para realizar el cálculo
boton = tk.Button(ventana, text="Calcular Doble",
command=calcular_doble)
boton.grid(column=0, row=2, columnspan=2, padx=10, pady=10)

ventana.mainloop()
```

Capítulo 10: Proyectos Finales: Cómo Consolidar el Aprendizaje

El último paso en el proceso de aprendizaje es **aplicar los conocimientos adquiridos** a problemas del mundo real. Los **proyectos finales** son una excelente forma de consolidar todo lo aprendido, ya que permiten a los estudiantes enfrentar desafíos prácticos, integrar conceptos y desarrollar sus habilidades de resolución de problemas. En este capítulo, aprenderemos a planificar proyectos finales, veremos ejemplos de proyectos desafiantes resueltos paso a paso, y exploraremos cómo ayudar a los estudiantes a pensar de forma autónoma.

10.1. Diseño y Planificación de Proyectos de Fin de Curso

Antes de comenzar a trabajar en un proyecto final, es crucial tener un plan claro. La **planificación** ayuda a organizar las ideas, definir los objetivos y dividir el proyecto en partes manejables. A continuación, se describen algunos pasos clave para diseñar y planificar un proyecto de fin de curso.

10.1.1. Definir el Propósito del Proyecto

El primer paso es definir claramente el propósito del proyecto. ¿Qué se espera lograr? ¿Qué problema se va a resolver? A partir de aquí, se puede definir el **alcance** del proyecto, identificando las funciones o características que tendrá.

Por ejemplo:

- **Proyecto:** Crear una aplicación de lista de tareas.
- **Propósito:** Ayudar a los usuarios a gestionar su tiempo organizando sus tareas diarias.
- **Características clave:** Añadir, eliminar y marcar tareas como completadas.

10.1.2. Dividir el Proyecto en Módulos o Etapas

Los proyectos grandes pueden resultar abrumadores, por lo que es útil dividirlos en módulos más pequeños y manejables. Cada módulo debería abordar una funcionalidad específica o un componente del proyecto.

Ejemplo del proyecto de lista de tareas:

- **Módulo 1:** Crear la interfaz gráfica con Tkinter.
- **Módulo 2:** Implementar la funcionalidad para añadir y eliminar tareas.
- **Módulo 3:** Guardar las tareas en un archivo para persistencia de datos.

10.1.3. Definir las Herramientas y Recursos Necesarios

Es importante identificar qué herramientas o recursos necesitará el estudiante para completar el proyecto. Esto puede incluir lenguajes de programación, bibliotecas, frameworks, o software adicional.

Para el proyecto de lista de tareas, las herramientas necesarias podrían incluir:

- **Lenguaje de programación:** Python.

- **Biblioteca de GUI:** Tkinter.
- **Manejo de archivos:** Python (lectura/escritura de archivos).

10.1.4. Establecer un Cronograma

Definir un cronograma con fechas límite ayuda a los estudiantes a mantenerse enfocados y a completar el proyecto dentro de un tiempo razonable. Esto puede incluir hitos como la finalización de cada módulo o la entrega de versiones preliminares.

10.2. Ejemplos de Proyectos Desafiantes y Su Resolución Paso a Paso

Ahora veremos ejemplos de proyectos desafiantes y cómo se pueden resolver paso a paso, utilizando las habilidades adquiridas a lo largo del curso.

10.2.1. Proyecto 1: Aplicación de Lista de Tareas con Tkinter

Descripción: Desarrollar una aplicación de lista de tareas donde los usuarios puedan añadir, eliminar y marcar tareas como completadas. Las tareas deben guardarse en un archivo para ser recuperadas al reiniciar la aplicación.

Paso 1: Crear la Interfaz Gráfica

Lo primero es crear la interfaz gráfica donde el usuario podrá interactuar con la aplicación.

python

```python
import tkinter as tk

ventana = tk.Tk()
ventana.title("Lista de Tareas")

# Crear la lista de tareas
lista_tareas = tk.Listbox(ventana)
lista_tareas.pack(padx=10, pady=10)

ventana.mainloop()
```

Paso 2: Añadir Funcionalidad para Agregar y Eliminar Tareas

Ahora añadimos los botones para agregar y eliminar tareas de la lista.

python

```python
def agregar_tarea():
    tarea = entrada_tarea.get()
    if tarea:
        lista_tareas.insert(tk.END, tarea)
        entrada_tarea.delete(0, tk.END)

def eliminar_tarea():
    lista_tareas.delete(tk.ACTIVE)
```

```
# Cuadro de entrada de texto para nuevas tareas
entrada_tarea = tk.Entry(ventana)
entrada_tarea.pack(padx=10, pady=10)

# Botón para añadir tareas
boton_agregar = tk.Button(ventana, text="Agregar tarea",
command=agregar_tarea)
boton_agregar.pack(padx=10, pady=5)

# Botón para eliminar tareas
boton_eliminar = tk.Button(ventana, text="Eliminar tarea",
command=eliminar_tarea)
boton_eliminar.pack(padx=10, pady=5)

ventana.mainloop()
```

Paso 3: Guardar y Recuperar Tareas desde un Archivo

Para que las tareas se guarden y persistan después de cerrar la aplicación, añadimos funcionalidad para guardar y cargar las tareas desde un archivo de texto.

python

```
def guardar_tareas():
    with open("tareas.txt", "w") as archivo:
        for tarea in lista_tareas.get(0, tk.END):
            archivo.write(tarea + "\n")

def cargar_tareas():
    try:
        with open("tareas.txt", "r") as archivo:
            for tarea in archivo:
                lista_tareas.insert(tk.END, tarea.strip())
    except FileNotFoundError:
        pass

# Llamar a la función para cargar tareas al iniciar la aplicación
cargar_tareas()

# Botón para guardar tareas
boton_guardar = tk.Button(ventana, text="Guardar tareas",
command=guardar_tareas)
boton_guardar.pack(padx=10, pady=5)

ventana.mainloop()
```

Desafíos Adicionales:

- Añadir una opción para marcar las tareas como completadas.
- Implementar filtros para mostrar solo las tareas pendientes o completadas.

10.2.2. Proyecto 2: Juego del Ahorcado

Descripción: Desarrollar el clásico juego del ahorcado. El programa debe elegir una palabra aleatoria de una lista y el usuario debe adivinarla letra por letra.

Para elegir una palabra de una lista y permitir al usuario adivinarla, necesitamos manejar listas y cadenas.

python

```python
import random

palabras = ["python", "javascript", "html", "css", "java"]
palabra_secreta = random.choice(palabras)
letras_adivinadas = ["_"] * len(palabra_secreta)

print(" ".join(letras_adivinadas))
```

Paso 2: Pedir al Usuario que Adivine Letras

El siguiente paso es pedir al usuario que ingrese letras y actualizar el estado del juego.

python

```python
intentos = 6

while intentos > 0 and "_" in letras_adivinadas:
    letra = input("Adivina una letra: ").lower()
    if letra in palabra_secreta:
        for i, l in enumerate(palabra_secreta):
            if l == letra:
                letras_adivinadas[i] = letra
    else:
        intentos -= 1
        print(f"Letra incorrecta. Te quedan {intentos} intentos.")

    print(" ".join(letras_adivinadas))

if "_" not in letras_adivinadas:
    print("¡Ganaste!")
else:
    print(f"Perdiste. La palabra era {palabra_secreta}.")
```

Desafíos Adicionales:

- Crear una interfaz gráfica con Tkinter para el juego.
- Mostrar las letras incorrectas y los intentos restantes de manera visual.

10.3. Consejos para Enseñar a los Estudiantes a Pensar de Forma Autónoma

Uno de los objetivos más importantes al enseñar programación es desarrollar la **autonomía** en los estudiantes, para que sean capaces de resolver problemas complejos por su cuenta. Aquí algunos consejos para fomentar el pensamiento autónomo:

10.3.1. Promover la Resolución de Problemas Paso a Paso

Al enfrentarse a un problema complejo, es fundamental descomponerlo en **pasos más pequeños**. Anima a los estudiantes a identificar el problema principal y luego subdividirlo en tareas más simples que puedan abordar una por una.

10.3.2. Fomentar el Uso de Recursos y Documentación

Es importante enseñar a los estudiantes cómo **buscar y utilizar documentación** y recursos en línea, como foros, tutoriales o la documentación oficial de Python. Saber buscar soluciones es una habilidad esencial en programación.

10.3.3. Alentar la Experimentación y el Aprendizaje de los Errores

Los errores son una parte inevitable del proceso de aprendizaje. Anima a los estudiantes a experimentar y a no tener miedo de cometer errores. Cada error es una oportunidad para aprender algo nuevo.

10.3.4. Desafiar con Proyectos Abiertos

Los proyectos abiertos, donde los estudiantes tienen la libertad de elegir cómo implementar ciertas funcionalidades, los obligan a tomar decisiones de diseño y resolver problemas de forma creativa. Proyectos como juegos, simulaciones o aplicaciones personales son buenos ejemplos.

www.ingramcontent.com/pod-product-compliance
Lightning Source LLC
Chambersburg PA
CBHW061054050326
40690CB00012B/2619